This Activity Book
Belongs To

_____

This Tut language sight Workbook is for Black American (Freedman, FBA, ADOS) children and adults to practice the tut language that our ancestors created in the 18th century in the southern states of America. Our ancestors used Tut Language in secrecy to help them learn to read and write when literacy was illegal.

The obscurity of this language almost led to its death, but our lovely ancestor Gloria McIlwain created the world's first comprehensive book on TUT Language that covers the history of this nearly extinct language. Gloria McIlwain's book, "TUT Language," is currently cited in the Journal of the American Dialect Society and edited and published at Duke University and the San Jose Mercury News.

This workbook is inspired by her original work and uses her Tut alphabet as a reference. Keep hope alive! We must honor our ancestors and teach the next generation of children the Tut language.

DETERMINATION = PERSEVERANCE, SELF-RELIANCE = SUCCESS = FREEDOM! - Gloria E. McIlwain,

A Few Rules about Tut before we get started:

The word square is said before a double letter. For instance, ball = bub-a-square-lul and hello = hash-e-square-lul-o. Square may also be spelled skwer.

Tut Vowels:

A = E

E = I

I = AY

O = O

U = YU

LOVE- KALI ∮N.S

TUT-words	English alphabet
A	A
* Bub	B
* Cut	C
* Dud	D
E	E
* Fuf	F
* Jug	G
* Hash	H
I	I
* Jag	J
* Kak	K
* Lul	L
* Mum	M
* Nun	N
O	O
* Pup	P
* Quak	Q
* Rut / Rud	R
* Sus	S
* Tut	T
U	U
* Vuv	V
* Waks	W
X	X
* Yak	Y
* Zuz	Z

A=E

In some tut variations, the letter A will not change so you can use A or E

E

A

A-square-pup-lul-e

B= Bub

B U B   B U B

b u b   b u b

B U B

bub-a-square-lul

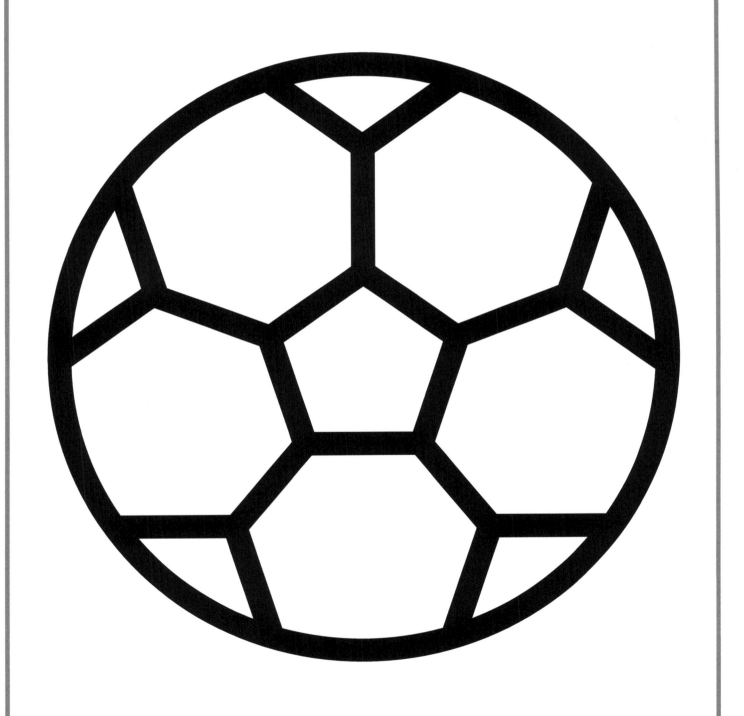

C=Cut

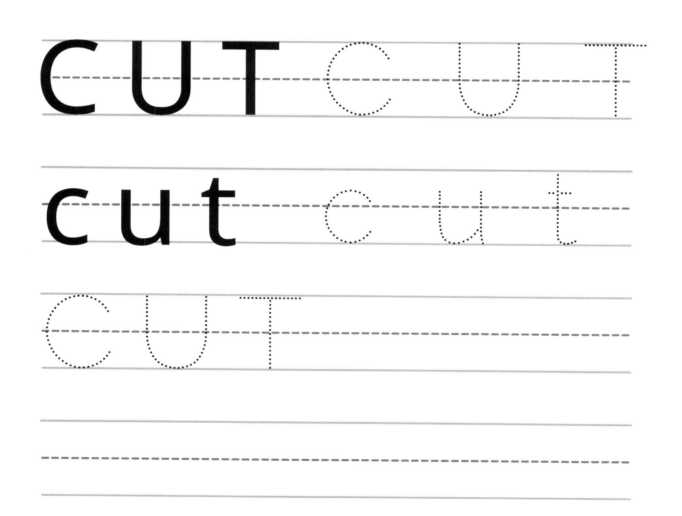

CUT CUT

cut cut

cut

Cut-hash-e-square-rut-yak

D=Dud

D U D   D U D

d u d   d u d

D U D

Dud-yu-cut-kak

E=I

Sometimes The letter E can stay the same so you can use E or I

I

E

E-a-rut-tut-hash

F= FUF

FUF ~~FUF~~

fuf ~~fuf~~

~~FUF~~

Fuf-rut-o-jug

G= Jug

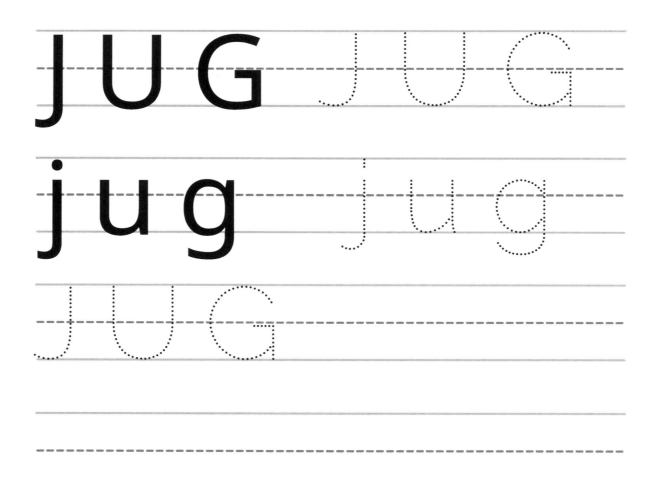

J U G   J U G

j u g   j u g

J U G

Juj-rut-a-pup-e-sus

H=Hash

HASH

HASH

hash

hash

Hash-a-tut

I = Ay

In some tut variations, the letter I can stay the same so you can use I or Ay.

AY AY AY

ay ay ay

AY

ay-cut-e
cut-rut-e-a-mum

J=Jag

JAG JAG JAG

jag jag jag

JAG

Jag-u-i-cut-e

K=Kak

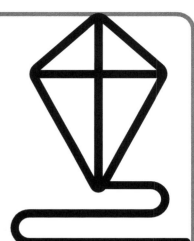

KAK KAK

kaK kak

KAK

Kak-i-tut-e

L = Lul

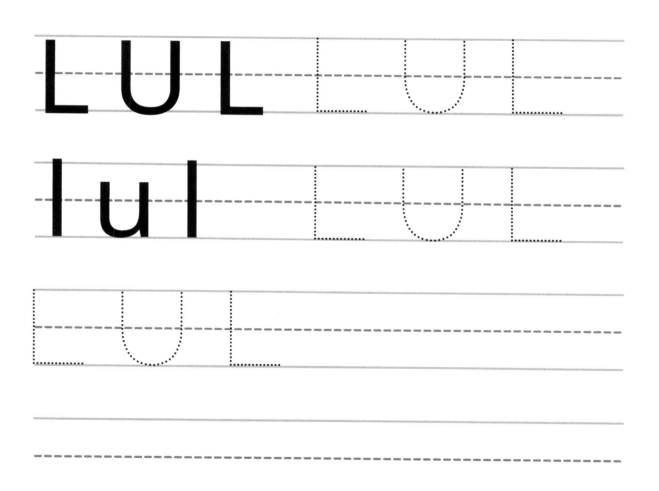

Lul-e-mum-o-nun

M=Mum

MUM

MUM

mum

mum

Mum-a-pup

N=Nun

N U N

N U N

n u n

n u n

Nun-e-sus-tut

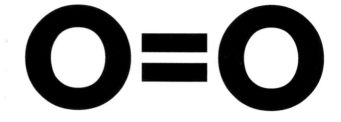 

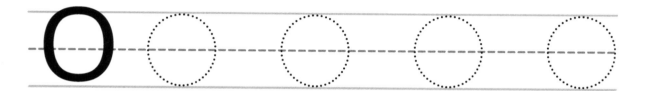

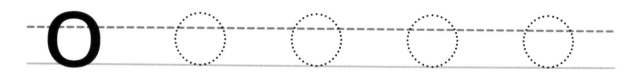

O-rut-a-nun-jug-e

P=Pup

PUP PUP PUP

pup pup pup

PUP

Pup-i-nun-e a-square-pup-lul-e

Q=Quak

QUAK

QUAK

quak

Quak-u-a-i-lul

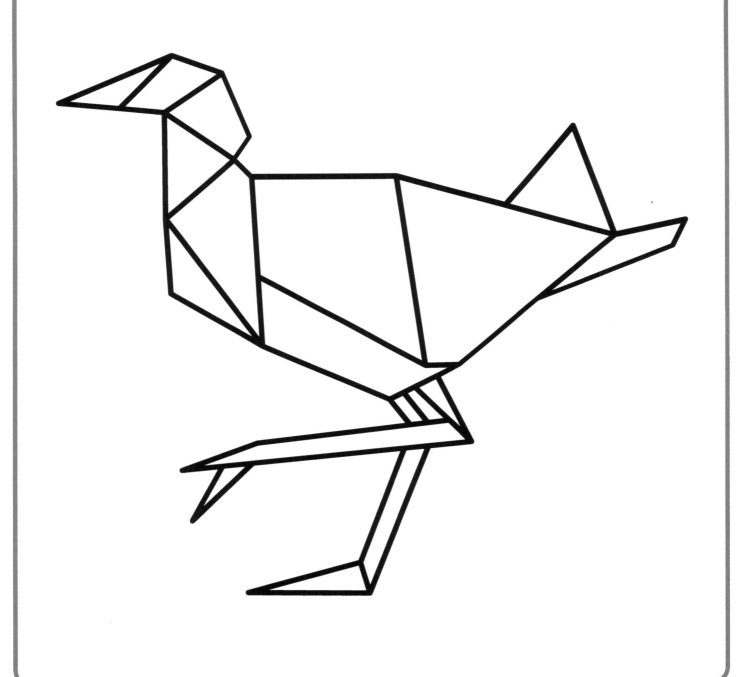

R=Rut

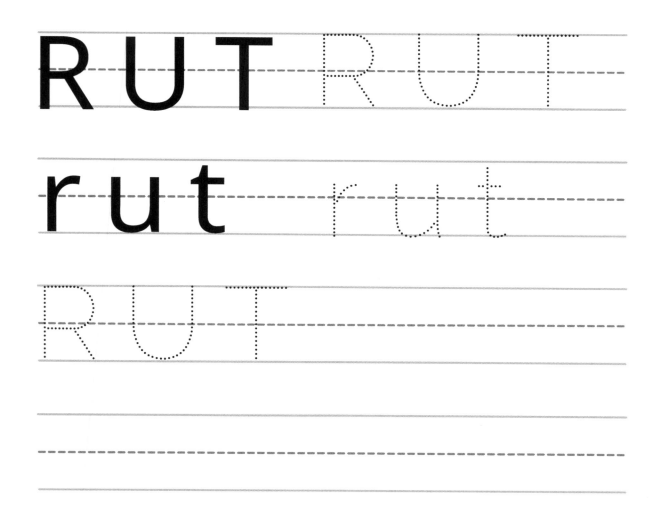

('RUT') is replaced by 'RUD' if immediately followed by dud.

RUT

rut

Rut-a-i-nun-bub-o-waks

S=Sus

sus sus sus

sus sus sus

sus

Sus-tut-rut-a-waks
bub-e-square-rut-yak

T = Tut

TUT TUT

tut tut

TUT

Tut-u-rut-tut-lul-e

U=Yu

In some tut variations, the letter u can stay the same so you can use u or yu.

YU   YU   YU

yu   yu   yu

YU

yu-mum-bub-rut-e-square-lul-a

V=VUV

VUV VUV VUV

VUV VUV VUV

VUV

Vuv-o-lul-cut-a-nun-o

W=Waks

WAKS

WAKS

waks

Waks-hash-a-lul-e

X=EKS

In some tut variations, the letter x can stay the same so you can use X or eks.

EKS EKS

eks eks

EKS

X-yak-lul-o-pup-hash-o-nun-e

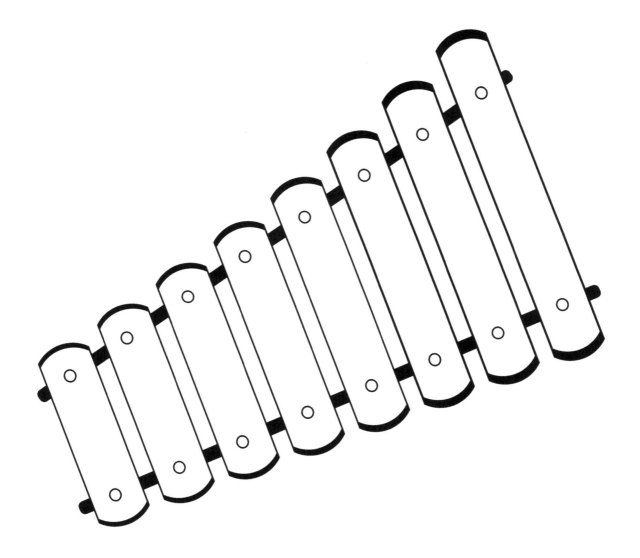

Y = Yak

YAK YAK

yak yak

YAK

Yak-o-jag-a

Z=Zuz

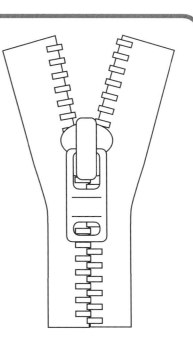

zuz zuz

zuz zuz

zuz

Zuz-i-square-pup-e-rut

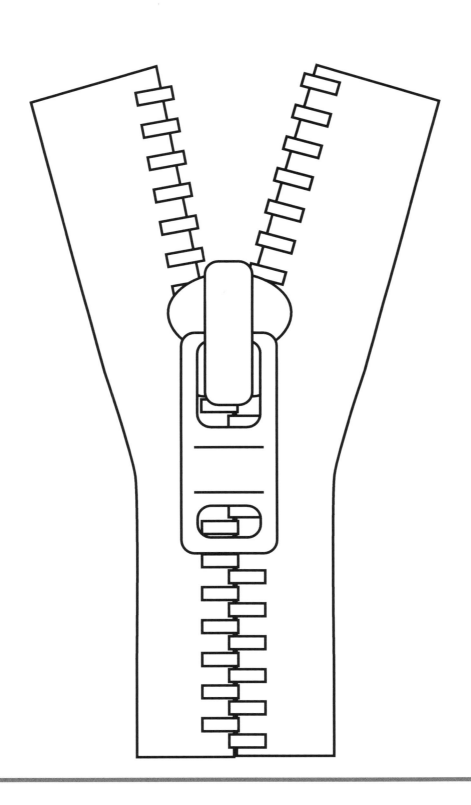

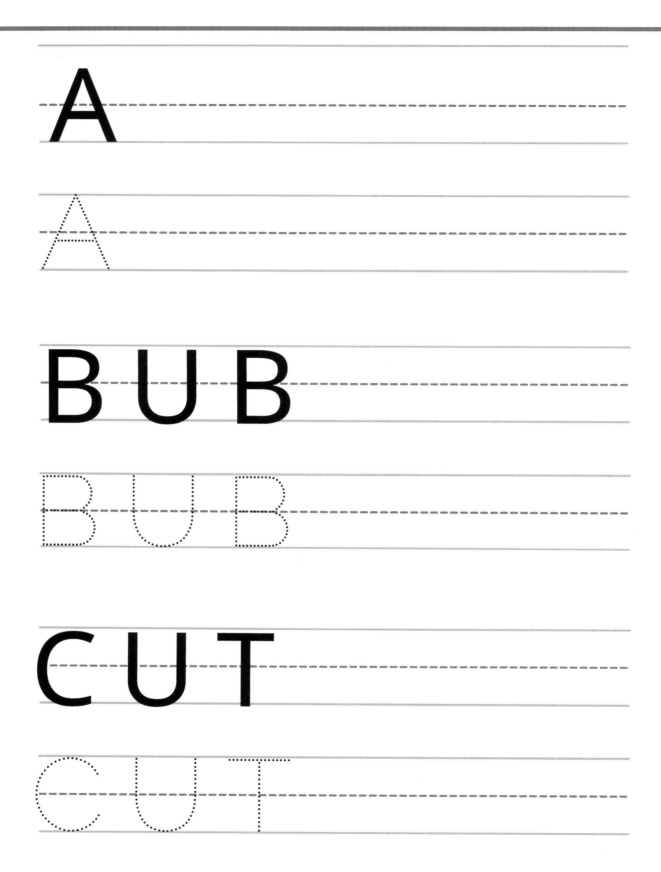

DUD

DUD

I

I

FUF

FUF

JUG

JUG

HASH

HASH

AY

AY

JAG
JAG

KAK
KAK

LUL
LUL

MUM

MUM

NUN

NUN

O

O

PUP

PUP

QUAK

RUT

SUS

SUS

TUT

TUT

YU

YU

VUV

VUV

WAKS

EKS

YAK

YAK

ZUZ

ZUZ

Made in the USA
Middletown, DE
13 May 2022

65726255R00057